Impressum
Verlag: BABADADA GmbH, Nedderfeld 112 , 22529 Hamburg
Geschäftsführer / Verlagsleitung: Harald Hof
Druck: Books on Demand GmbH, In de Tarpen 42, 22848 Norderstedt

Imprint
Publisher: BABADADA GmbH, Nedderfeld 112 , 22529 Hamburg, Germany
Managing Director / Publishing direction: Harald Hof
Print: Books on Demand GmbH, In de Tarpen 42, 22848 Norderstedt, Germany

ትምህርት ቤት

iskola

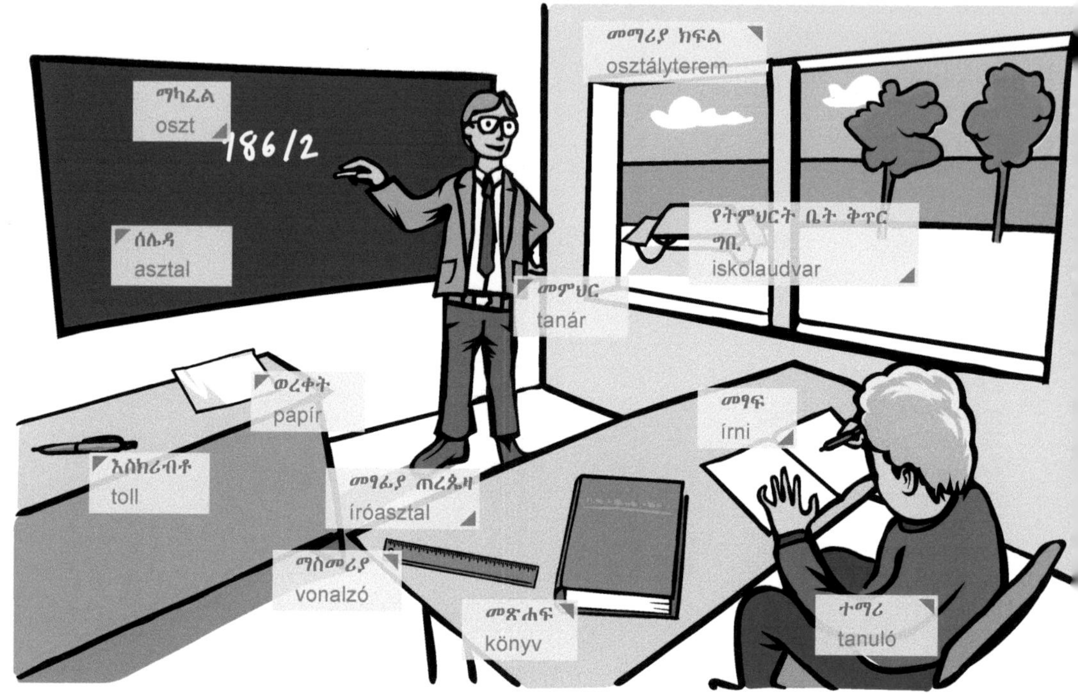

መማሪያ ክፍል
osztályterem
ማካፈል
oszt
186/2
ሰሌዳ
asztal
የትምህርት ቤት ቅጥር ግቢ
iskolaudvar
መምህር
tanár
ወረቀት
papír
መፃፍ
írni
እስክሪብቶ
toll
መፃፊያ ጠረጴዛ
íróasztal
ማስመሪያ
vonalzó
መጽሐፍ
könyv
ተማሪ
tanuló

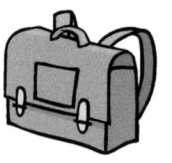

የጀርባ ቦርሳ

iskolatáska

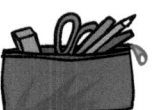

የእርሳስ መያዣ

tolltartó

እርሳስ

ceruza

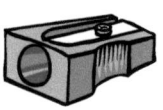

የእርሳስ መቅረጫ

ceruzahegyező

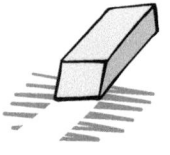

ላጲስ

radír

የስዕል ደብተር

rajzfüzet

ስዕል
....
rajz

የቀለም ብሩሽ
....
ecset

የቀለም ሳጥን
....
festőkészlet

መቀስ
....
olló

ማጣበቂያ
....
ragasztó

መልመጃ ደብተር
....
munkafüzet

የቤት ስራ
....
házi feladat

12

ቁጥር
....
szám

2+2

መደመር
....
összead

5-2

መቀነስ
....
kivon

2×2

ማባዛት
....
szoroz

ቁጥሮችን ማስላት
....
számol

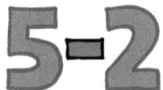

A

ደብዳቤ
....
betű

ABCDEFG HIJKLMN OPQRSTU VWXYZ

ፊደላት
....
ABC

hello

ቃል
....
szó

ፅሑፍ

szöveg

ማንበብ

olvasni

ጠመኔ

kréta

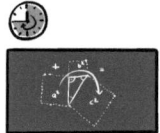

ትምህርት

tanóra

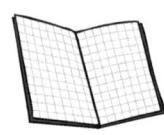

ምዝገባ

napló

ፈተና

vizsga

ሰርተፊኬት

bizonyítvány

የትምህርት ቤት የደንብ ልብስ

iskolai egyenruha

ትምህርት

oktatás

አዉደ ጥበብ

enciklopédia

ዩኒቨርስቲ

egyetem

የምርምር አጉሊ መሳርያ

mikroszkóp

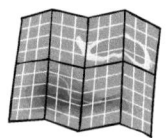

ካርታ

térkép

የቆሻሻ ወረቀት መጣያ ቅርጫት

papír-hulladék gyűjtő

ጉዞ

utazás

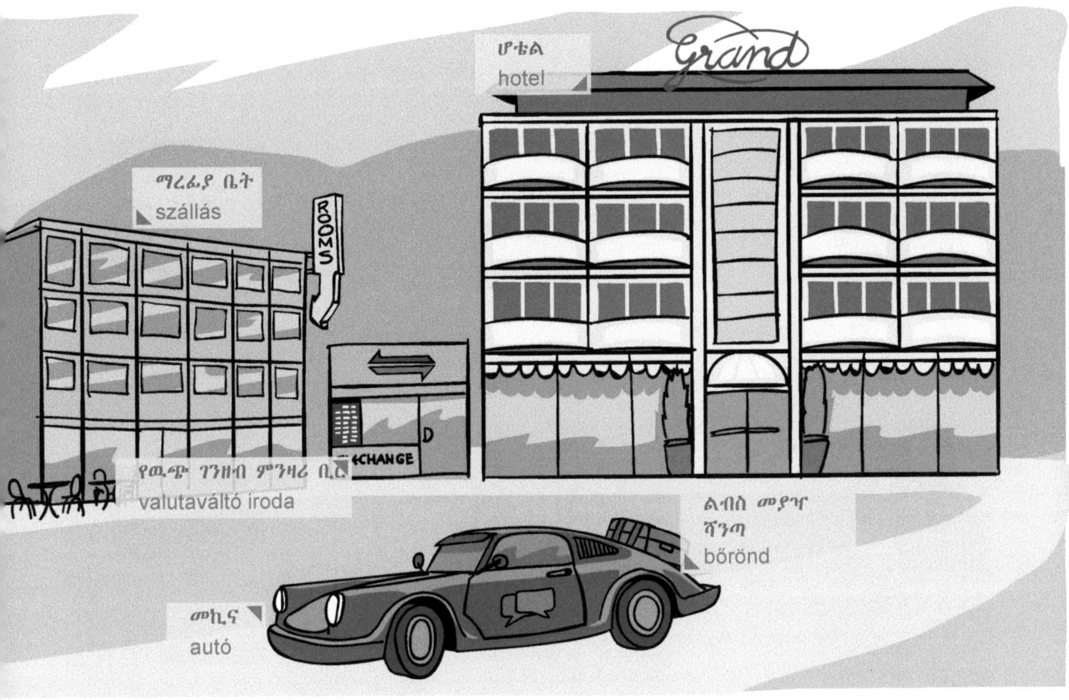

ሆቴል
hotel
Grand
ማረፊያ ቤት
szállás
ROOMS
EXCHANGE
የዉጭ ገንዘብ ምንዛሪ ቢሮ
valutaváltó iroda
ልብስ መያዣ ሻንጣ
bőrönd
መኪና
autó

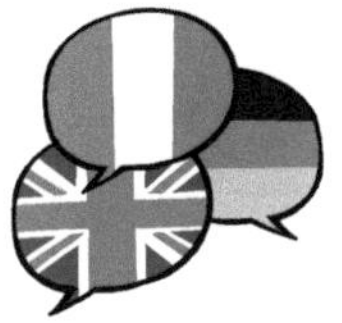

ቋንቋ

nyelv

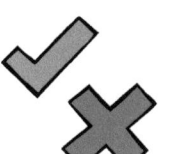

አዎ/ አይደለም

igen/nem

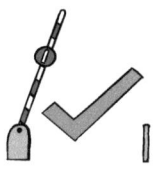

እሺ

rendben

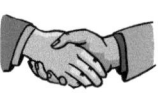

ሰላም

szia

አስተርጓሚ

fordító

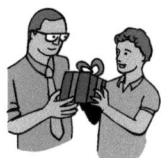

አመሰግናለሁ

köszönöm

ስንት ነዉ.......?

mennyibe kerül...?

አልገባኝም

nem értem

እክል

probléma

እንደምን አመሹ!

Jó estét!

እንደምን አደሩ!

jó reggelt!

መልካም ምሽት!

jó éjszakát!

ደህና ይስንብቱ

viszontlátásra

አቅጣጫ

útirány

ሻንጣ

poggyász

ቦርሳ

táska

የጀርባ ቦርሳ

hátizsák

እንግዳ

vendég

ክፍል

szoba

የመተኛ ቦርሳ

hálózsák

ድንኳን

sátor

የጎብኚዎች መረጃ

turista információ

የባህር ዳርቻ

strand

ክሬዲት ካርድ

hitelkártya

ቁርስ

reggeli

ምሳ

ebéd

እራት

vacsora

ቲኬት

jegy

አሳንሰር

lift

ማህተም

bélyeg

ድንበር

határ

ባህሎች

vám

ኤምባሲ

nagykövetség

ቪዛ/የይለፍ ወረቀት

vízum

ፓስፖርት

útlevél

közlekedés

የባሕር መርከብ
repülőgép

መርከብ
hajó

የእሳት አደጋ መኪና
tűzoltóautó

አውቶብስ
busz

የጭነት መኪና
tehergépkocsi

የሞተር ጀልባ
motorcsónak

ብስክሌት
bicikli

መኪና
autó

የማመላለሻ ጀልባ

komp

ጀልባ

csónak

የሞተር ብስክሌት

motorkerékpár

የፖሊስ መኪና

rendőrautó

የውድድር መኪና

versenyautó

የኪራይ መኪና

bérautó

የመኪና መጋራት

telekocsi

ጎታች መኪና

vontató

የቆሻሻ ጭነት መኪና

szemetes autó

ሞተር

motor

ነዳጅ

üzemanyag

የቤንዚን ማደያ

benzinkút

የመንገድ ምልክት

közlekedési tábla

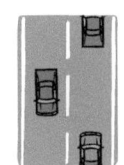

የመኪኖች እንቅስቃሴ

forgalom

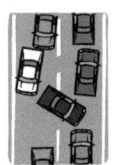

የመኪና መጨናነቅ

forgalmi dugó

የመኪና ማቆሚያ

parkoló

የባቡር ጣቢያ

vonatállomás

የባቡር ሀዲዶች

sínek

ባቡር

vonat

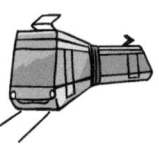

የኤሌክትሪክ ባቡር

villamos

ሰረገላ

vagon

ሄሊኮፕተር

helikopter

አየር ማረፊያ

repülőtér

ማማ

torony

መንገደኛ

utas

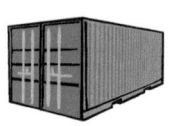

ማስቀመጫ፤ ማጠራቀሚያ

konténer

ካርቶን እቃ ማሸጊያ

kartondoboz

ጋሪ፤ ተሳቢ

taliga

ቅርጫት

kosár

መነሳት/ ማረፍ

felszáll / leszáll

ከተማ

város

መንደር

falu

የከተማ ማዕከል

városközpont

ቤት

ház

የመንገድ ዳር መብራት
utcai lámpa

ሲኒማ
mozi

ማስታወቂያ
hirdetés

CINEMA

መንገድ
utca

ታክሲ
taxi

የቁርስ መቆያ ሱቅ
újságosbódé

እግረኛ
gyalogos

ድንጋይ የተነጠፈበት የእግረኛ መንገድ
járda

የእግረኛ መሻገሪያ
gyalogos átkelő

የቆሻሻ ማጠራቀሚያ
szemetes

ማቋረጫ
kereszteződés

የትራፊክ መብራቶች
közlekedési lámpa

ጎጆ
....
kunyhó

አፓርታማ
....
lakás

የባቡር ጣቢያ
....
vonatállomás

የከተማ አዳራሽ
....
városháza

ቤት መዘክር
....
múzeum

ትምህርት ቤት
....
iskola

ዩኒቨርሲቲ

egyetem

ባንክ

bank

ሆስፒታል

kórház

ሆቴል

hotel

መድሃኒት ቤት

gyógyszertár

ቢሮ

iroda

መፅሐፍ መሸጫ

könyvesbolt

ሱቅ

üzlet

የአበባ መሸጫ

virágüzlet

የሽቀጣ ሽቀጥ መደብር

szupermarket

ገበያ ስፍራ

piac

መደብር

áruház

የዓሳ ነጋዴ

halárus

የገበያ ማዕከል

bevásárló központ

ወደብ

kikötő

መናፈሻ ቦታ

park

አግዳሚ ወንበር

pad

ድልድይ

híd

ደረጃዎች

lépcső

ዉስጥ ለዉስጥ

metró

ዋሻ

alagút

የአዉቶቡስ ፌርማታ

buszmegálló

ባር

bár

ምግብ ቤት

étterem

የፖስታ ሳጥን

postaláda

የመንገድ ምልክት

utcatábla

የመኪና ማቆሚያ ሒሳብ የሚያሰላ ማሽን

parkoló óra

የደር እንስሳት ማቆያ

állatkert

የመዋኛ ገንዳ

uszoda

መስጊድ

mecset

እርሻ
gazdálkodás

የሚበክል ነገር
környezetszennyezés

መቃብር ስፍራ
temető

ቤተ ክርስቲያን
templom

መጫወቻ ሜዳ
játszótér

ቤተ መቅደስ
szentély

መልከዓምድር
táj

ቅጠል
levél

የመንገድ ላይ
ምልክት
útjelző tábla

መንገድ
út

አረንጓዴ መስክ
rét

ድንጋይ
kő

ዛፍ
fa

በእግሩ የሚጓዝ
túrázó

ወንዝ
folyó

ሳር
fü

አበባ
virág

ሸለቆ
....
völgy

ኮረብታ
....
domb

ሀይቅ
....
tó

ጫካ
....
erdő

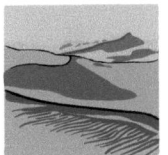

በረሃ
....
sivatag

እሳተ ገሞራ
....
vulkán

ግምብ
....
kastély

ቀስተ ዳመና
....
szivárvány

እንጉዳይ
....
gomba

የቴምብር ዛፍ/ ዘንባባ
....
pálmafa

ቢንቢ/ የወባ ትንኝ
....
szúnyog

በራሪ
....
légy

ጉንዳን
....
hangya

ንብ
....
méhecske

ሸረሪት
....
pók

ጢንዚዛ

bogár

እንቁራሪት

béka

ሽኮኮ

mókus

ጃርት

sündisznó

ጥንቸል

nyúl

ጉጉት ወፍ

bagoly

ወፍ

madár

የውሃ ዳክዬ

hattyú

ከርከሮ

vaddisznó

አጋዘን

szarvas

አጋዘን

rénszarvas

ግድብ

gát

በነፋስ የሚሽከረከር

szélturbina

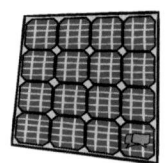

የፀሀይ ፓኔሎ

napelem

አየር ንብረት

éghajlat

አስተናጋጅ
pincér

ማዉጫ
menü

ወንበር
szék

ሾርባ
leves

ፒዛ
pizza

መክተፊያ
evőeszköz

የጠረጴዛ ጨርቅ
terítő

የምግብ ፍላጎትን የሚከፍት
"ምግብ"
előétel

ዋና ምግብ
főétel

ማጣጣሚያ ተከታይ ምግብ
desszert

መጠጦች
italok

ምግብ
étel

ጠርሙስ
üveg

ፈጣን ምግብ

gyorsétel

የመንገድ ምግብ

gyorsétel

የሻይ ማንቆርቆሪያ

teás kanna

የስኳር እቃ

cukortartó

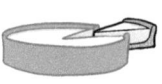

ድርሻ

adag

የቡና ማፊያ ማሽን

eszpresszógép

ባለጌ ወንበር

bárszék

የክፍያ ደረሰኝ

számla

ትሪ

tálca

ቢላዋ

kés

ሹካ

villa

ማንኪያ

kanál

የሻይ ማንኪያ

teáskanál

ልብስ ምግብ እንዳይነካ የሚረዳ
ጨርቅ
szalvéta

ብርጭቆ

pohár

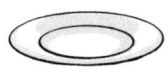

ዝርግ ሰሀን

tányér

የሾርባ ጎድጓዳ ሰሀን

leveses tányér

የስኒ ማስቀመጫ

csészealj

ማጣፈጫ ስጎ

szósz

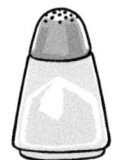

የጨዉ እቃ

sószóró

የተፈጨ ቃሪያ

borsőrlő

ኮምጣጤ

ecet

የምግብ ዘይት

étkezési olaj

ቀመማ ቅመሞች

fűszerek

የቲማቲም ድልህ

ketchup

ሰናፍጭ

mustár

ማዮኔዝ

majonéz

የሸቀጣ ሸቀጥ መደብር

szupermarket

ልዩ አቅራቦት
különleges ajánlat
FOR
ደምበኛ
ügyfél
የወተት ተዋፅዖ
tejtermék
ፍራፍሬ
gyümölcsök
ባለ ጎማ የእጅ ጋሪ
bevásárló kocsi

BUTCHERS

ሉካንዳ ነጋዴ

hentes

BAKERY

መጋገርያ

pékség

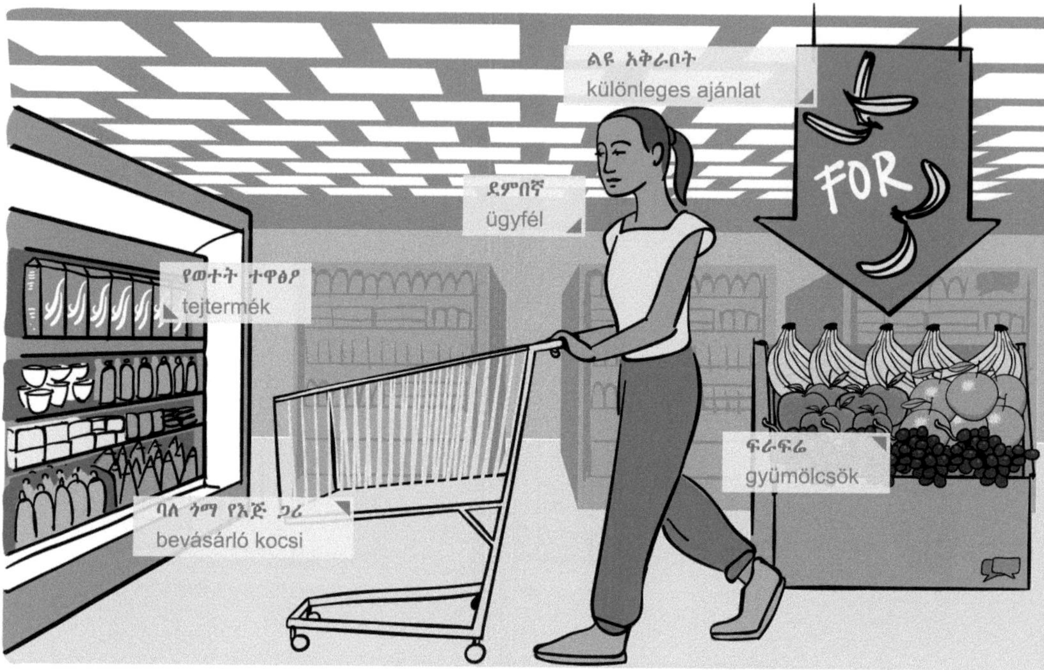

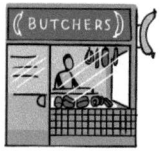

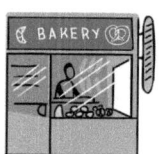

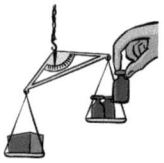

ክብደት መመዘን

nyom valamennyit

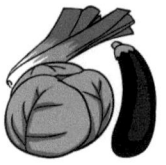

ቅጠላ ቅጠል አትክልት

zöldség

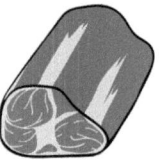

ስጋ

hús

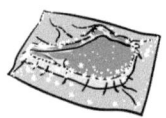

የቀዘቀዘ/የረጋ ምግብ

fagyasztott áru

ቀዝቃዛ ቁራጭ

felvágott

የታሽገ ምግብ

konzerv

የማጠቢያ ዱቄት

mosópor

ጣፋጮች

édességek

የቤት ዉስጥ ዉጤቶች

háztartási termék

የፅዳት ምርቶች

tisztítószerek

የሽያጭ ባለሙያ

eladó

የገንዘብ መመዝቢያ ማሽን

pénztárgép

የሒሳብ ሰራተኛ

eladó

የግዢ ዝርዝር

bevásárló lista

ክፍት ሰዓታት

nyitva tartás

የኪስ ቦርሳ

levéltárca

ክሬዲት ካርድ

hitelkártya

ቦርሳ

zacskó

የፕላስቲክ ቦርሳ

műanyag zacskó

ዉሃ

víz

ጭማቂ

gyümölcslé

ወተት

tej

ኮካ-ኮላ

kóla

ወይን

bor

ቢራ

sör

አልኮል

alkohol

ኮካ

kakaó

ሻይ

tea

ቡና

kávé

የተፈላ ቡና

eszpresszó

ካፑቺኖ

kapucsínó

መንዝ

banán

ፖም

alma

ብርቱካን

narancs

ሀብሀብ

sárgadinnye

ሎሚ

citrom

ካሮት

sárgarépa

ነጭ ሽንኩርት

fokhagyma

ሽምበቆ

bambusz

ቀይ ሽንኩርት

hagyma

እንጉዳይ

gomba

ለዉዝ

magvak

የህፃናት ምግብ

nokedli

ፓስታ

spagetti

ሩዝ

rizs

ሰላጣ

saláta

የድንች ጥብስ

sült krumpli

ድንች ጥብስ

sült burgonya

ፒዛ

pizza

ዳቦ ዌስጥ በስሱ ተጠብሶ የገባ
ስጋ
hamburger

ሳንድዊች

szendvics

ጥሬ ስጋ

hússzelet

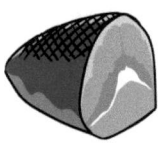

የአሳማ ስጋ

sonka

በቅመምና በጨዉ የታሸ ምግብ
ቀዝቅዞ የሚበላ ሾርባ ምግብ

szalámi

ቋሊማ

kolbász

ዶሮ

csirke

ጥብስ

pecsenye

አሳ

hal

የአጃ ገንፎ

zabkása

ከወተት ጋር ተደባልቀዉ የሚበሉ ¨ምግቦች¨

müzli

የበቆሎ ቅርፊት

kukoricapehely

ዱቄት

liszt

ኩራሳ

croissant

ድብልብል ዳቦ

zsemle

ዳቦ

kenyér

መጥበስ

pirítós kenyér

ብስኩት

keksz

ቅቤ

vaj

እርጎ

túró

ኬክ

sütemény

እንቁላል

tojás

እንቁላል ጥብስ

tükörtojás

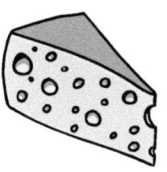

አይብ

sajt

የበረዶ ክሬም

jégkrém

ስኳር

cukor

ማር

méz

ማርማላት

lekvár

የተናጠ የወተት ክሬም

mogyorókrém

ማጣፈጫ

curry

እርሻ
gazdálkodás

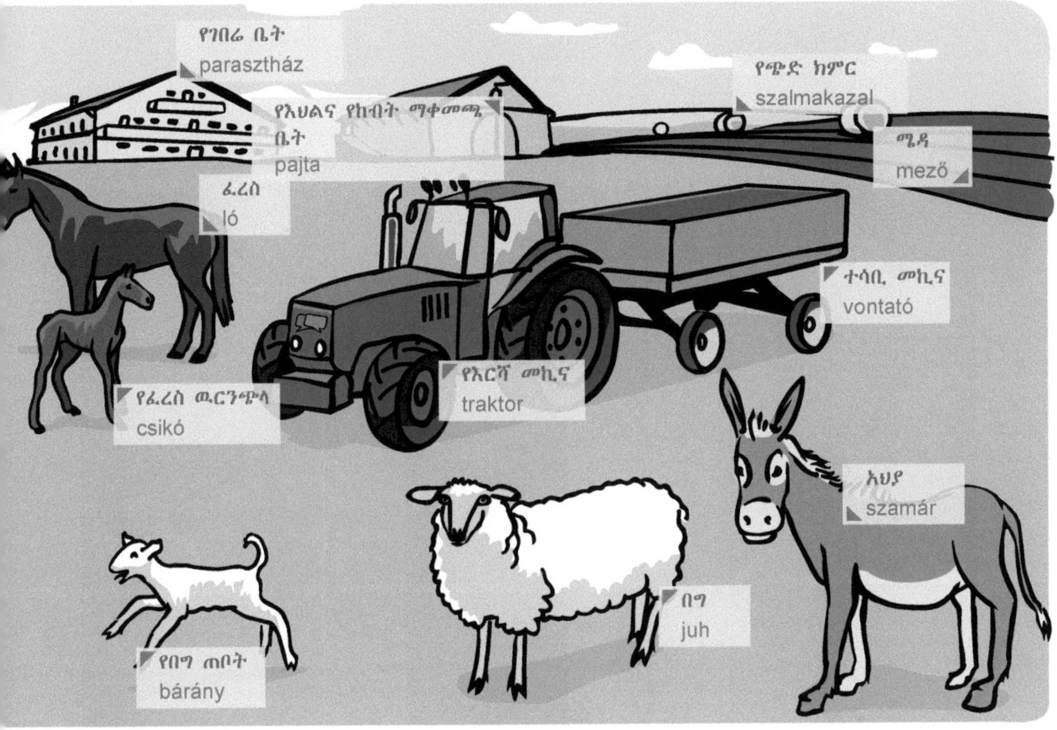

የገበሬ ቤት
parasztház
የእህልና የከብት ማቀመጫ ቤት
pajta
የጭድ ክምር
szalmakazal
ሜዳ
mező
ፈረስ
ló
ተሳቢ መኪና
vontató
የእርሻ መኪና
traktor
የፈረስ ውርንጭላ
csikó
አህያ
szamár
በግ
juh
የበግ ጠቦት
bárány

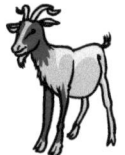

ፍየል
kecske

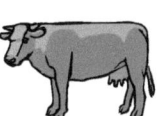

ላም
tehén

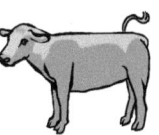

ጥጃ
borjú

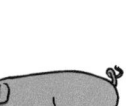

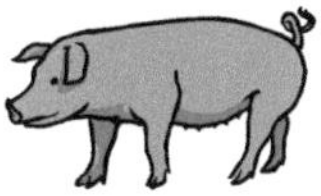

አሳማ
malac

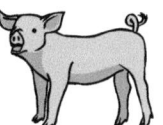

ግልገል አሳማ
kismalac

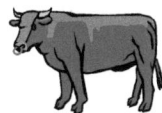

ኮርማ
bika

ዝይ

liba

ዳክዬ

kacsa

የዶሮ ጫጩት

csibe

ዶር

tojó

አውራ ዶሮ

kakas

አይጥ

patkány

ደድመት

macska

አይጥ

egér

በሬ

ökör

ውሻ

kutya

የውሻ ቤት

kutyaház

የአትክልት ቦታ

kerti öntözőcső

ውሃ ማጠጫ ባልዲ

öntözőkanna

ረጅም ማጭድ

kasza

ማረሻ

eke

ማጭድ

sarló

መኮትኮቻ

kapa

የእህል መንሽ

vasvilla

መጥረቢያ

fejsze

ኩርኩር/ የእጅ ጋሪ

talicska

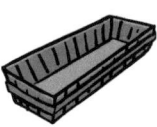

ገንዳ

teknö

የወተት ዕቃ

tejes kancsó

ጆንያ ከረጢት

zsák

አጥር

kerítés

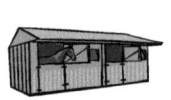

የፈረስ ጋጣ

istálló

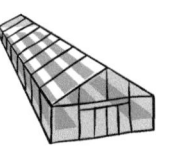

ዕፅዋት ማሳደጊያ የመስታዉት ቤት

üvegház

አፈር

talaj

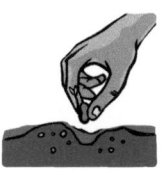

ዘር

vetőmag

የመሬት ማዳበሪያ

trágya

ጥምር ማረሻ

cséplőgép

አዝመራ መሰብሰብ

szüretelni

አዝመራ

betakarítás

ድንች

yamgyökér

ስንዴ

búza

ሶያ

szója

ድንች

burgonya

በቆሎ

kukorica

የክብት መኖ

repcemag

የፍሬ ዛፍ

gyümölcsfa

የካሳቫ ዛፍ

manióka

እህል

gabona

የጪስ
ማዉጫ
kémény

ጣሪ
tető

አሸንዳ
eresz

መስኮት
ablak

ጋራዥ
garázs

የበር ደወል
ajtócsengő

በር
ajtó

የቀቆሻሻ
ማጠራቀሚያ
szemetes

ፖስታ ሳጥን
postaláda

የአትክልት ቦታ
kert

ሳሎን

nappali

መታጠቢያ ቤት

fürdőszoba

ማድቤት

konyha

መኝታ ቤት

hálószoba

የልጅ ክፍል

gyerekszoba

መመገቢያ ክፍል

ebédlő

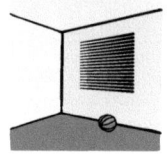

ወለል
....
padló

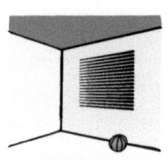

ግድግዳ
....
fal

ጣሪያ
....
plafon

ምድር ቤት
....
pince

በእንፋሎት ሙቀት መታጠቢያ
....ቤት....
szauna

ሰገነት
....
erkély

ከፍ ያለ መደብ
....
terasz

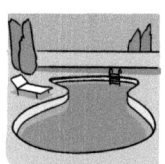

የመዋኛ ገንዳ
....
medence

የማጨጃ መኪና
....
fűnyíró

አንሶላ
....
lepedő

የአልጋ ልብስ
....
ágytakaró

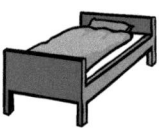

አልጋ
....
ágy

መጥረጊያ
....
seprű

ባልዲ
....
vödör

ማብሪያና ማጥፊያ
....
kapcsoló

ሳሎን

nappali

የግድግዳ ወረቀት
tapéta
ፎቶ
kép
መብራት
lámpa
መደርደሪያ
polc
ቁም ሳጥን፣ ካቢኔ
szekrény
ቴሌቭዥን
televízió
የእሳት መሞቂያ
kandalló
አበባ
virág
ትራስ
párna
ሶፋ
kanapé
የአበባ ማስቀመጫ
váza
ሪሞት ኮንትሮል
távirányító

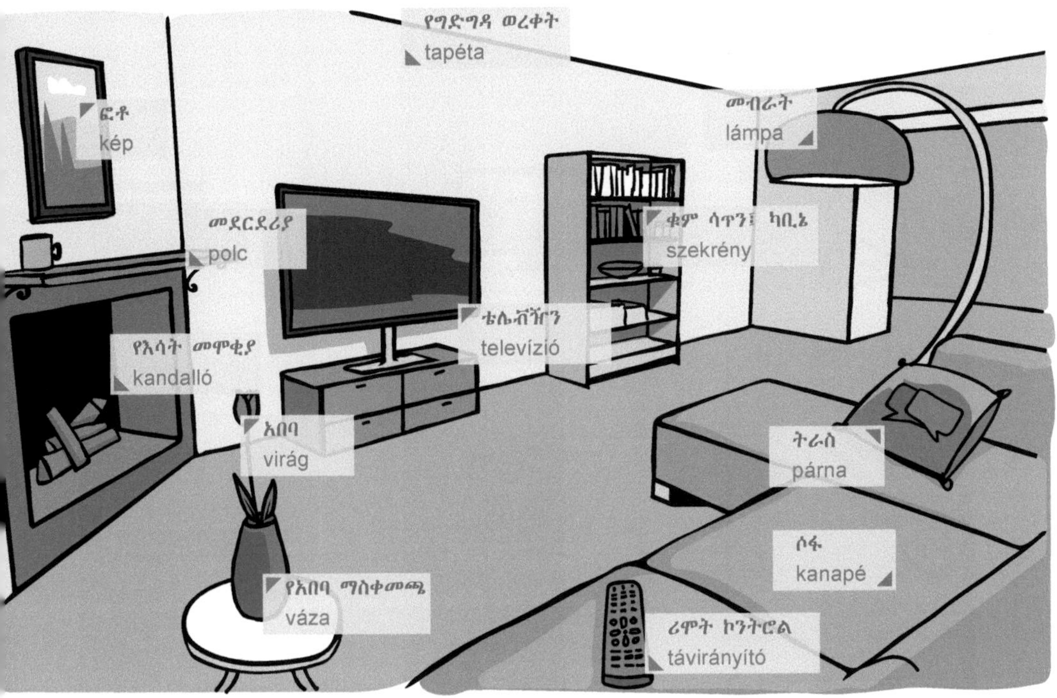

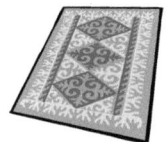

ንጣፍ

szőnyeg

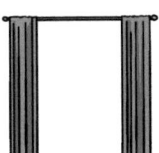

መጋረጃ

függöny

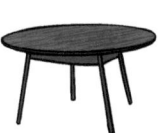

ጠረጴዛ

asztal

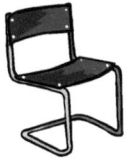

ወንበር

szék

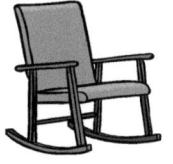

ተወዛዋዥ ወንበር

hintaszék

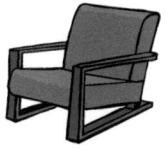

ባለመደገፊያ ወንበር

karosszék

መጽሐፍ

könyv

ብርድ ልብስ

takaró

ጌጥ

dekoráció

ማገዶ

tűzifa

ፊልም

film

የሙዚቃ መማጫወቻ

hifi

ቁልፍ

kulcs

ጋዜጣ

újság

ስዕል

festmény

የተለጠፈ ማስታወቂያ እንደ ስዕል

poszter

ራዲዮ

rádió

ማስታወሻ ደብተር

jegyzetfüzet

የአየር ማዕጀኛ ለምንጣፍ

porszívó

ቁልቋል

kaktusz

ሻማ

gyertya

ማድቤት
konyha

ማቀዝቀዣ
hűtőgép
ማይክሮዌቭ ምግብ ማብሰያ
mikrohullámú sütő
የኩሽና መመዘኛ ሚዛን
konyhai mérleg
ዳቦ መጥበሻ
kenyérpirító
ንፁህ ማድረጊያ
tisztítószer
ምድጃ
tűzhely
ማቀዝቀዣ
fagyasztó
የቀቆሻሻ ማጠራቀሚያ
szemetes
እቃ ማጠቢያ
mosogatógép

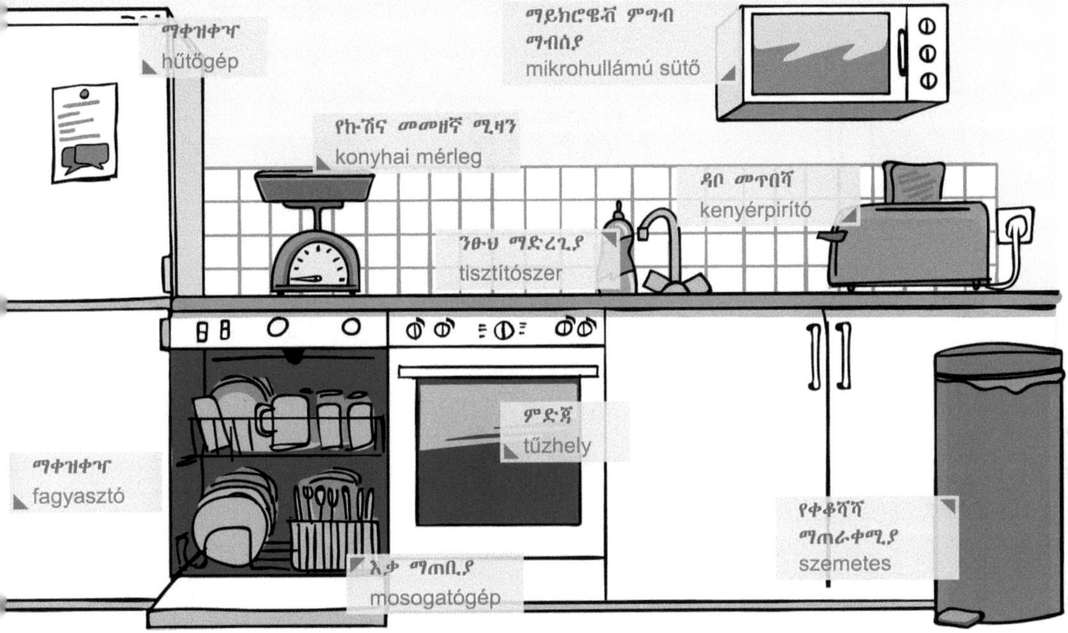

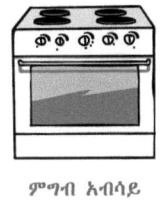

ምግብ አብሳይ

tűzhely

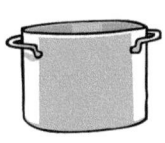

ማሰሮ

edény

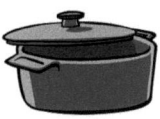

የብረት ማሰሮ

vasfazék

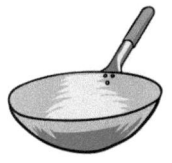

ምግብ ማብሰያ ዝርግ ድስት

wok / kadai

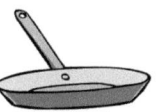

የምግብ መጥበሻ

serpenyő

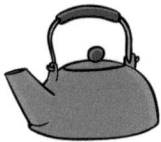

ማንቆርቆሪያ

vízforraló

የእንፉሎት ማብሰያ

pároló

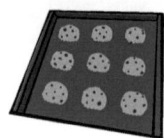

የመጋገሪያ ትሪ

tepsi

ሰብሰቦች

étkészlet

ትልቅ ኩባያ

bögre

ጎድንዳ ሳህን

tálka

ቻፕስቲክስ

evőpálcika

ጭልፋ

merőkanál

መስቅሰቂያ ዝርግ ማንኪያ

keverőlapátka

ማደባለቂያ

habverő

መወጠሪያ

szűrő

ወንፊት

szita

መፈርፈሪያ መሳሪያ

reszelő

ሲሚንቶ

mozsár

የፍም ጥብስ

grillsütő

የተለቀቀ እሳት

kandalló

መክተፊያ
vágódeszka

ተንሽራታች መርሬ
sodrófa

የጠርሙስ መክፈቻ
dugóhúzó

ጣሳ
doboz

የጣሳ መክፈቻ
konzervnyitó

የማሰሮ መሸፈኛ
edényfogó

ሳህን ማጠቢያ
mosogató

ብሩሽ
kefe

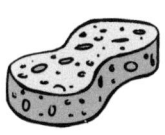

ስፖንጅ
szivacs

መደባለቂያ መሳሪያ
turmixgép

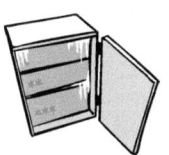

በጣም ማቀዝቀዣ
mélyhűtő

ጡጦ
cumisüveg

ቧንቧ
csap

መታጠቢያ ቤት

fürdőszoba

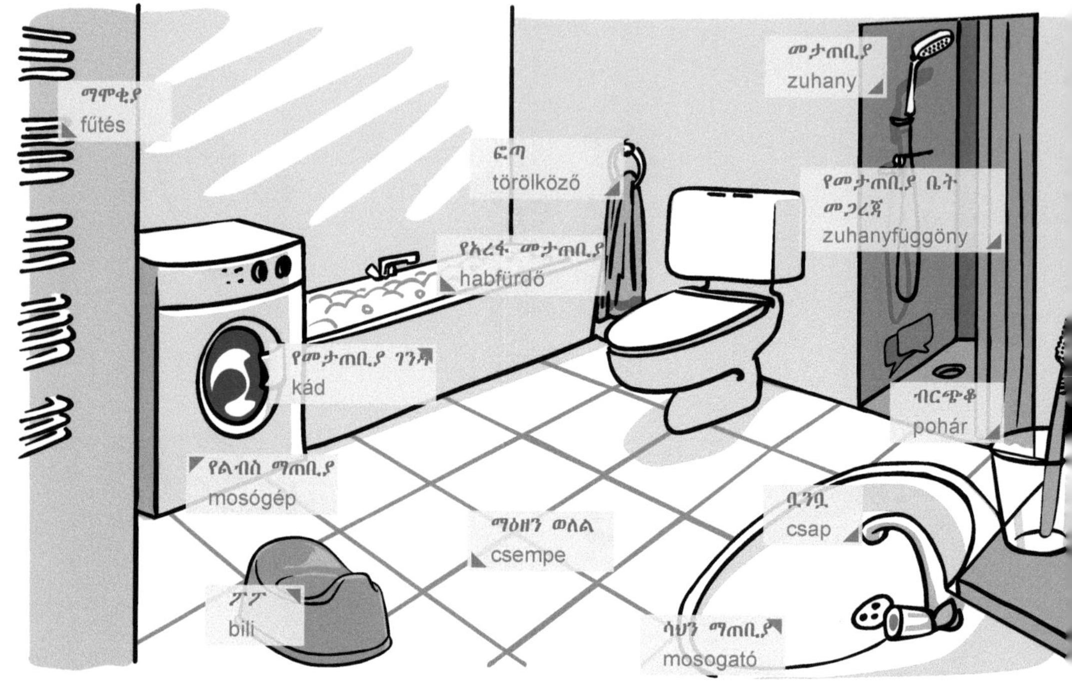

ማሞቂያ
fűtés
ፎጣ
törölköző
የአረፋ መታጠቢያ
habfürdő
የመታጠቢያ ገንዳ
kád
የልብስ ማጠቢያ
mosógép
ማዕዘን ወለል
csempe
ፖፖ
bili
መታጠቢያ
zuhany
የመታጠቢያ ቤት መጋረጃ
zuhanyfüggöny
ብርጭቆ
pohár
ቧንቧ
csap
ሳህን ማጠቢያ
mosogató

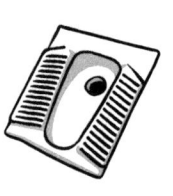

ሽንት ቤት

toalett

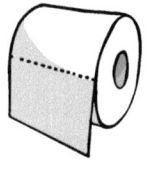

የሽንት ቤት መቀመጫ

guggolós toalett

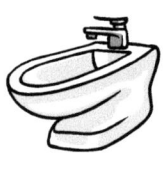

ሳፋ

bidé

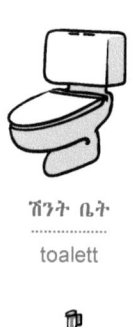

የመንገድ ዳር መሽኛ

piszoár

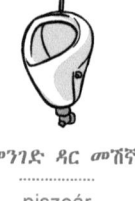

የሽንት ቤት ወረቀት

toalett papír

የሽንት ቤት ማፅጃ ብሩሽ

wc kefe

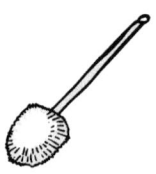

የጥርስ ብሩሽ
fogkefe

የጥርስ ሳሙና
fogkrém

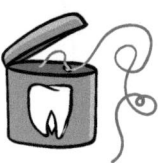

የጥርስ ማፅጃ ክር
fogselyem

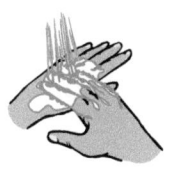

መታጠብ
mosni

የእጅ መታጠቢያ
kézi zuhany

መታጠቢያ
intimzuhany

ጎድንዳ ሳህን
mosdótál

የጀርባ ብሩሽ
hátmosó kefe

ሳሙና
szappan

መታጠቢያ የሚዝለገለግ ሳሙና
tusfürdő

የፀጉር መታጠቢያ ሳሙና
sampon

ለስላሳ ጨርቅ
mosdókesztyű

ፍሳሽ
lefolyó

ክሬም
krém

ጠረን መቀየሪያ ንጥረ ነገር
dezodor

መታጠቢያ ቤት - fürdőszoba

መስታወት

tükör

የእጅ መስታወት

kézitükör

ምላጭ

borotva

የመላጫ አረፋ

borotvahab

ከመላጨት በኋላ የሚቀባ ሽቱ

borotválkozás utáni
arcszesz

ማበጠሪያ

fésű

ብሩሽ

hajkefe

የፀጉር ማድረቂያ

hajszárító

በፀጉር ላይ የሚነፋ

hajlakk

የፊት መቀባቢያ

smink

የከንፈር ቀለም

ajakrúzs

የጥፍር ቀለም

körömlakk

የጥጥ ሱፍ

vatta

ጥፍር መቁረጫ

körömvágó olló

ሽቶ

parfüm

ማጠቢያ ባልዲ
neszesszer

መቀመጫ
sámli

ሚዛን
mérleg

የመታጠቢያ ልብስ
köntös

የላስቲክ ጓንት
gumikesztyű

ሞዴስ
tampon

የፅዳት ፎጣ
egészségügyi betét

የሽንት ቤት ኬሚካል
vegyi WC

የልጅ ክፍል
gyerekszoba

የማንቂያ ደዉል ሰዐት
ébresztő óra
የህፃን አሻንጉሊት
plüssállat
የመጫወቻ
መኪና
játékautó
ማንገጫገጫ
መጫወቻ
csörgő
የአሻንጉሊት ቤት
babaház
ስጦታ
ajándék

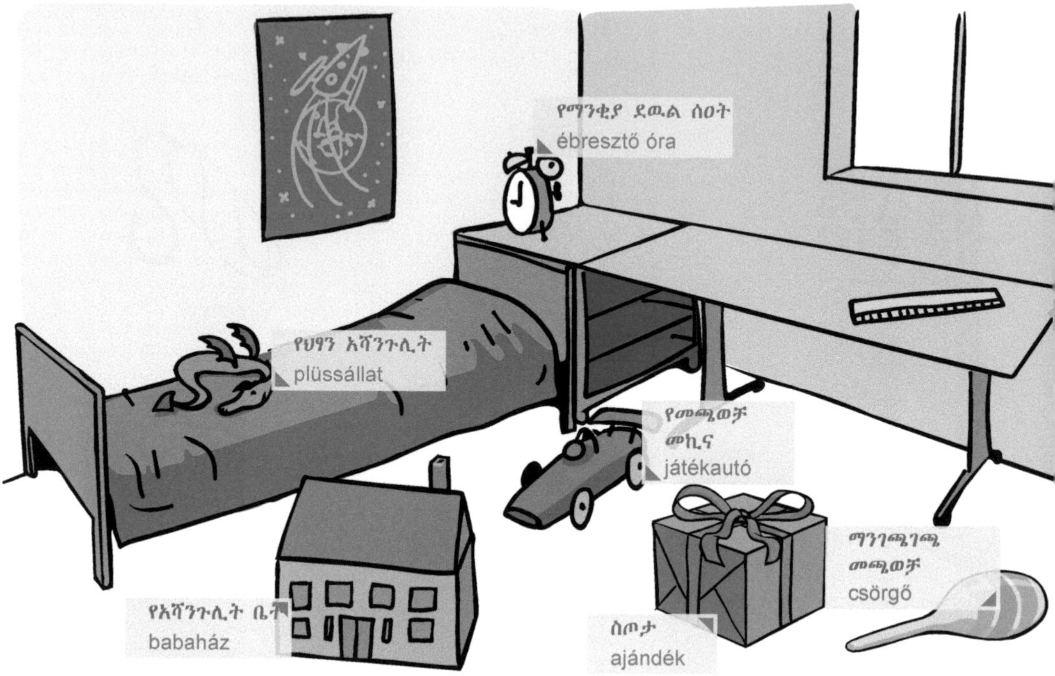

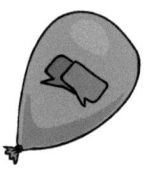

ፊኛ

lufi

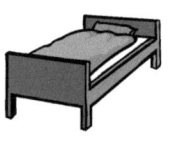

አል

ágy

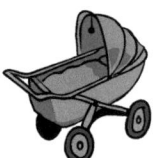

የህፃን ማንሸራሸሪያ ሪ

babakocsi

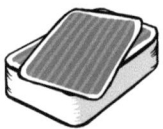

የካርታ መጫወቻ

kártyapakli

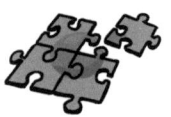

ቁርጥራጭ ምስሎችን የማገጣጠም
እና ምስል የማግኘት ጨዋታ

kirakós játék

SUPER
MEGA

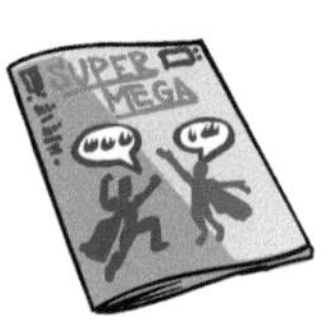

አዝናኝ

képregény

ተገጣጣሚ መጫወቻ
építőkockák

የመጫወቻ መገጣጠሚያዎች
építőelem

የድርጊት ምስል
szuperhős

የህፃን እድገት
rugdalózó

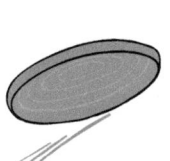

የፕላስቲክ መጫወቻ ዝርግ ሰሀን
frizbi

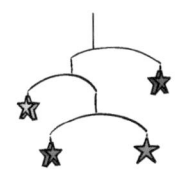

ተወ ዋኘ የህፃን ማጫወቻ
zenélő forgó

የሰሌዳ ጨዋታ
társasjáték

የመጫወቻ ጠጠር
kocka

የመጫወቻ ባቡር
modellvasút

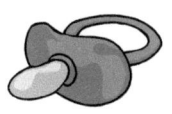

የእንጀራ እናት ጡጦ
cumi

ድግስ
zsúr

የስዕል መፅሀፍ
képeskönyv

ኳስ
labda

አሻንጉሊት
baba

መጫወት
játszani

የአሸዋ መጫወቻ

homokozó

ዥዋዥዌ

hinta

መጫወቻዎች

játékok

የቪዲዮ መጫወቻ

videójáték konzol

ባለ ሶስት ጎማ ብስክሌት

tricikli

የአሻንጉሊት ድብ

teddi maci

ቁምሳጥን

ruhásszekrény

አልባሳት

ruházat

ካልሲዎች

zokni

ስቶኪንጎች

harisnya

ታይት

harisnyanadrág

የአንገት ልብስ
sál

በቶ
öv

ዣንጥላ
esernyő

ክናቴራ
póló

ቦቲ
csizma

ስኒከሮች
tornacipő

የቤት ዉስጥ ነጠላ ጫማ
papucs

ነጠላ ጫማዎች
....
szandál

ጫማዎች
....
cipő

የጎማ ቡ-ትስ
....
gumicsizma

ሙታንታ
....
alsónadrág

ጡት መያዣ
....
melltartó

ስደርያ
....
mellény

ሰዉነት

body

ሱሪዎች

nadrág

ጅንስ

farmer

ጉርድ ቀሚስ

szoknya

ሸሚዝ

blúz

ሸሚዝ

ing

የሚጠለቅ ሹራብ

pulóver

ሹራብ

kapucnis pulóver

ዩኒፎርም ጃኬት

blézer

ጃኬት

dzseki

ኮት

kabát

የዝናብ ኮት

esőkabát

ልብስ

kosztüm

ቀሚስ

ruha

የሙሽራ ቀሚስ

esküvői ruha

ሱፍ

öltöny

የለሊት ልብስ

hálóing

የለሊት ልብስ

pizsama

ረጅም ቀሚስ

szári

ሒጃብ

fejkendő

ጥምጣም

turbán

ቡርቃ

burka

ሸርጥ

kaftán

አባያ

abaya

የዋና ልብስ

fürdőruha

አጭር ቁምጣ

fürdőnadrág

ቁምጣዎች

rövidnadrág

የስራ ቱታ

tréningruha

ሸርጥ

kötény

ጓንት

kesztyű

ቁልፍ

gomb

መነፅር

szemüveg

አምባር

karkötő

የአንገት ሀብል

nyaklánc

ቀለበት

gyűrű

የጆሮ ጌጥ

fülbevaló

ኮፍያ

sapka

የኮት መስቀያ

vállfa

ኮፍያ

kalap

ክረባት

nyakkendő

ዚፕ

cipzár

የብረት ቆብ

bukósisak

መደገፊያ

nadrágtartó

የትምህርት ቤት የደንብ ልብስ

iskolai egyenruha

የደንብ ልብስ

egyenruha

መያረብ
....
elöke

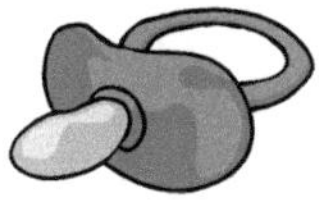

የእንጀራ እናት ጡጦ
....
cumi

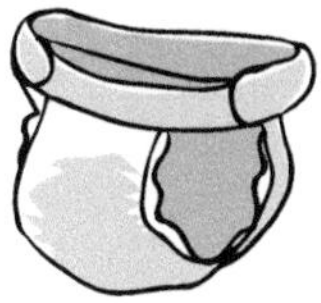

ሽንት ጨርቅ
....
pelenka

የፋይል መደርደሪያ ካቢኔ
irattartó szekrény

ማሰራጫ ጣቢያ
szerver

የህትመት መሳሪያ
nyomtató

መጮጣጠሪያ
képernyő

ወረቀት
papír

መፃፊያ ጠረዼዛ
íróasztal

ማዊዝ
egér

ማህደር
mappa

የመፃፊ ቁልፎች
billentyűzet

የቆሻሻ ወረቀት መጣያ ቅርጫት
papír-hulladék gyűjtö

ኮምፒዩተር
számítógép

ወንበር
szék

የቡና መጠጫ ትልቅ ኩባያ
....
kávéscsésze

ማስልያ ማሽን
....
számológép

ኢንተርኔት
....
internet

ላፕቶፕ
laptop

ደብዳቤ
levél

መልዕክት
üzenet

ተንቀሳቃሽ ስልክ
mobiltelefon

የግንኙነት አዉታር
hálózat

ማባዣ ማሽን
fénymásoló

ሶፍትዌር
szoftver

ስልክ
telefon

የግድግዳ ሶኬት
konnektor

የፋክስ ማሽን
faxgép

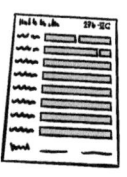

ቅፅ
formanyomtatvány

ሰነድ
dokumentum

መግዛት

venni

መክፈል

fizetni

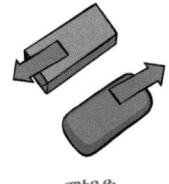

መነገድ

kereskedni

ገንዘብ

pénz

ዶላር

dollár

ዮሮ

euró

የን

jen

ሩብል

rubel

የስዊዝ ፍራንክ

svájci frank

ንሚንቢ ዩዋን

kínai jüan

ሩጲ

rúpia

የገንዘብ ነጥብ

bankautomata

የዉጭ ገንዘብ ምንዛሪ ቢሮ

valutaváltó iroda

ወርቅ

arany

ብር

ezüst

ዘይት

olaj

ሀይል፤ ጉልበት

energia

ዋጋ

ár

ግንኙነት

szerződés

ቀረጥ

adó

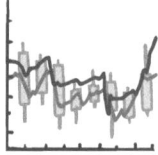

አክስዮን

részvény

መስራት

dolgozni

ተቀጣሪ

munkavállaló

ቀጣሪ

munkaadó

ፋብሪካ

gyár

ሱቅ

üzlet

የስራ ሙያዎች

foglalkozások

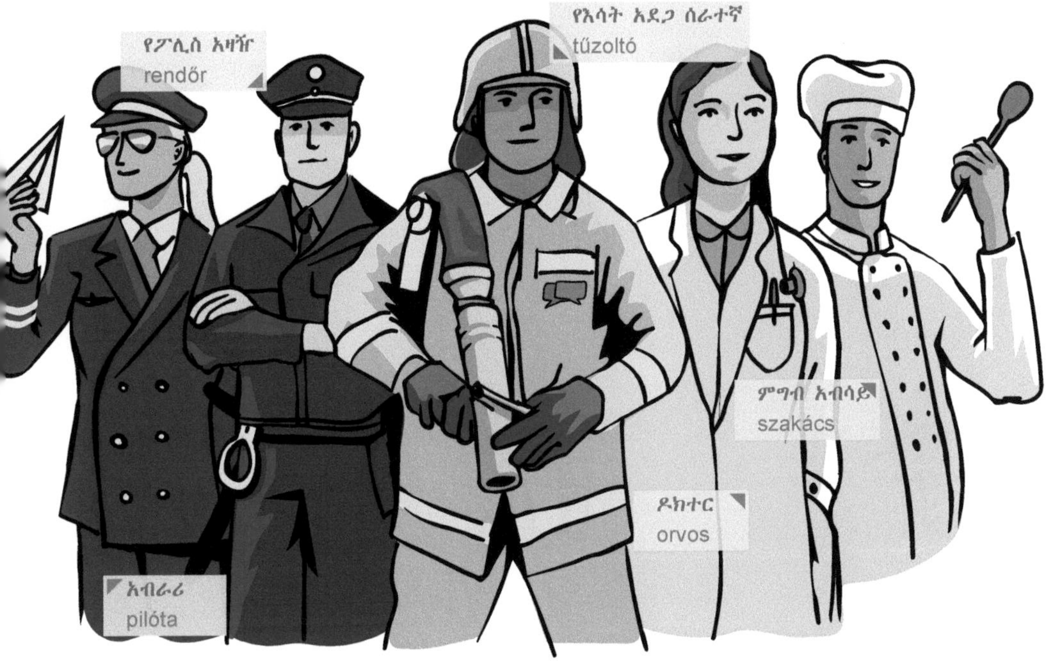
የፖሊስ አዛዥ
rendőr
የእሳት አደጋ ሰራተኛ
tűzoltó
ምግብ አብሳይ
szakács
ዶክተር
orvos
አብራሪ
pilóta

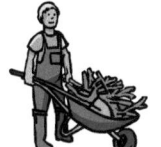

አትክልተኛ

kertész

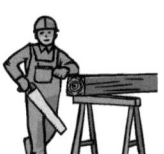

አናጢ

kárpitos

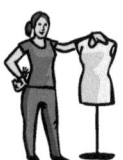

ልብስ ሰፊ ሴት

varrónő

ዳኛ

bíró

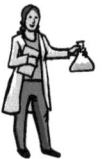

ቀማሚ

vegyész

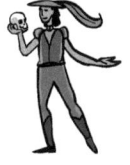

ተዋናይ

színész

የአዉቶቢስ ሹፌር

buszsofőr

የታክሲ ሹፌር

taxisofőr

አሳ አጥማጅ

halász

ፅዳት ሰራተኛ

bejárónő

የጣራ ሰራተኛ

tetőfedő

አስተናጋጅ

pincér

አዳኝ

vadász

ሰዓሊ

festő

ጋጋሪ

pék

የኤሌትሪክ ሰራተኛ

villanyszerelő

ገምቢ

építőmunkás

መሃሃዲስ

mérnök

ልኳንዳ

hentes

የቧንቧ ሰራተኛ

vízvezeték-szerelő

የፖስታ ሰራተኛ

postás

ወታደር

katona

መሃንዲስ

építész

የሒሳብ ሰራተኛ

eladó

አበባ ሻጭ

virágos

የፀጉር ሰራተኛ

fodrász

ቲኬት ቆራጭ

kalauz

መካኒክ

műszerész

ካፒቴን

kapitány

የጥርስ ሐኪም

fogorvos

ተመራማሪ

tudós

መምህር

rabbi

የሙስሊም ሃይማኖታዊ መሪ

imám

መነኩሴ

szerzetes

ካህን

lelkész

መሳሪያዎች

szerszámok

ተቆላፊ ጉጠት
fogó
መዶሻ
kalapács
መፍቻ
csavarhúzó
ባትሪ
elemlámpa
የመሳሪ መፍቻ
csavarkulcs

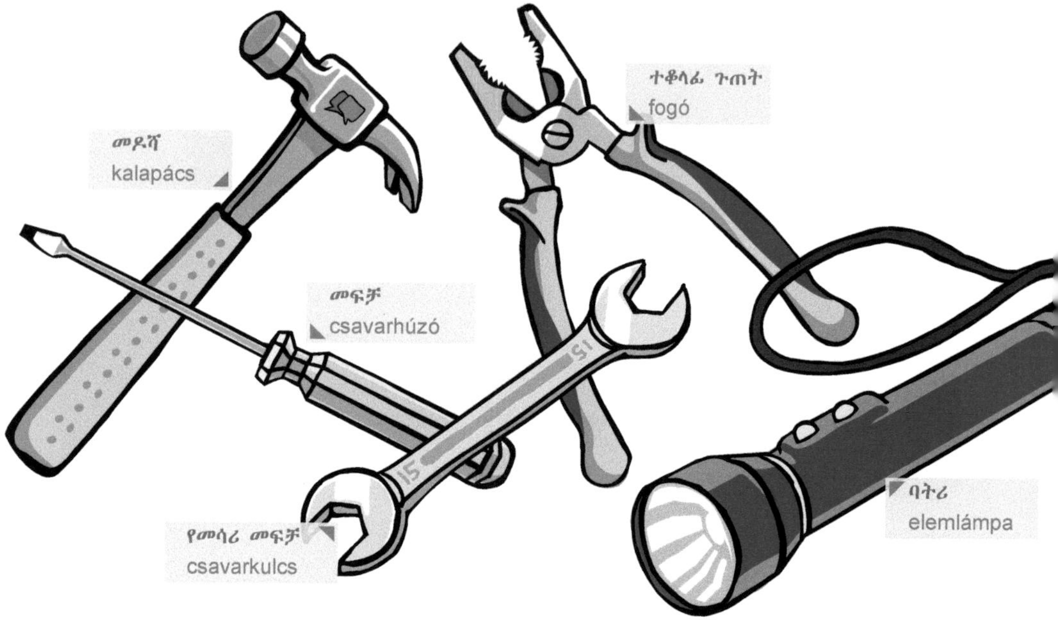

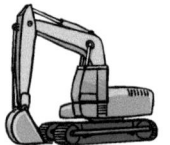

በቁፋሮ የሚዝቅ

markológép

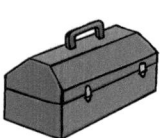

የመፍቻ ሳጥን

szerszámosláda

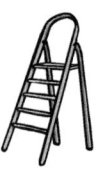

መሰላል

vödör

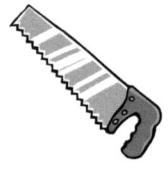

መጋዝ

fűrész

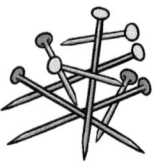

ምስማር

szög

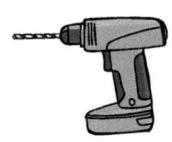

መሰርሰሪያ

fúrógép

መጠገን
....
megjavítani

አካፋ
....
lapát

የተረገመ!
....
A francba!

ቆሻሻ ማፈሻ
....
szemétlapát

የቀለም ቆርቆሮ
....
festékesdoboz

ሉን
....
csavar

የሙዚቃ መሳሪያዎች
hangszerek

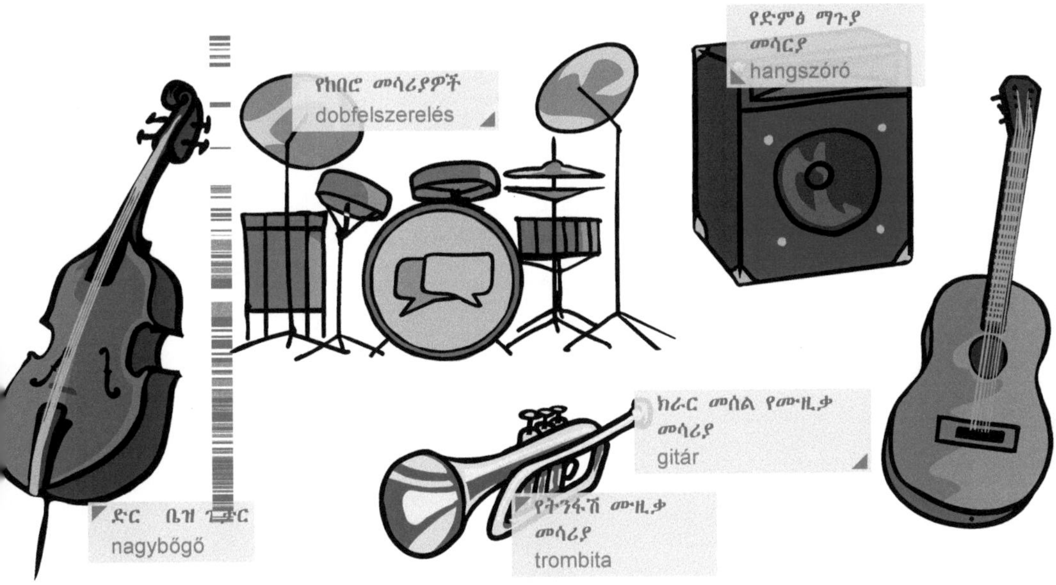

የከበሮ መሳሪያዎች
dobfelszerelés

የድምፅ ማጉያ
መሳርያ
hangszóró

ክራር መሰል የሙዚቃ
መሳሪያ
gitár

ድር ቤዝ ጊ…ር
nagybőgő

የትንፋሽ ሙዚቃ
መሳሪያ
trombita

ፒያኖ

zongora

ቫዮሊን

hegedű

ወፍራም፤ ጎርናና ድምፅ ያለዉ
ክራር መሰል ሙዚቃ መሳሪያ

basszusgitár

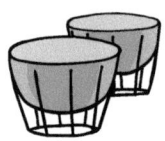

ነጋሪት

üstdob

ከበሮ

dobok

በኤሌክትሪክ የሚሰራ ፒኖ

digitális zongora

የትንፋሽ ሙዚቃ መሳሪያ

szaxofon

ዋሽንት

fuvola

የድምፅ ማጉያ

mikrofon

የሙዚቃ መሳሪያዎች - hangszerek

የደር እንስሳት ማቆያ
állatkert

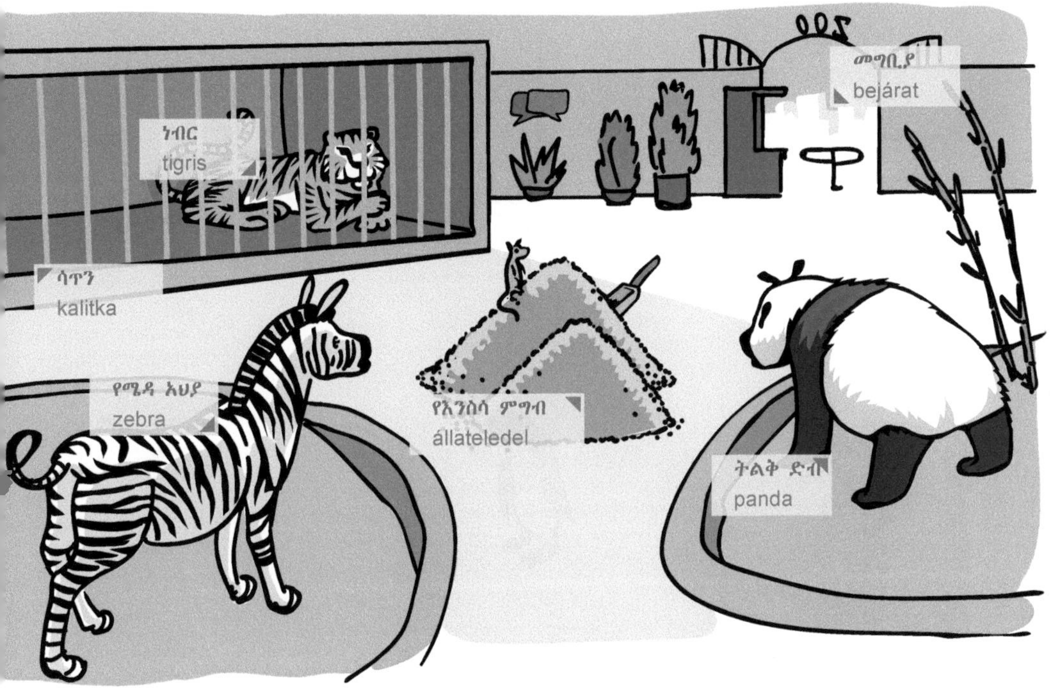
ነብር
tigris
መግቢያ
bejárat
ሳጥን
kalitka
የሜዳ አህያ
zebra
የእንስሳ ምግብ
állateledel
ትልቅ ድብ
panda

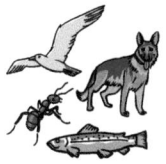

እንስሳቶች
állatok

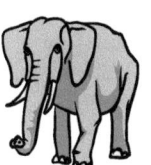

ዝሆን
elefánt

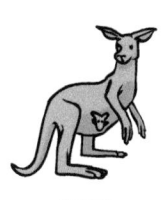

ካንጋሮ
kenguru

አዉራሪስ
orrszarvú

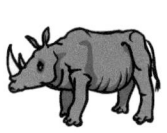

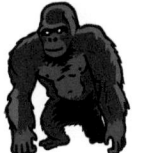

ትልቅ ዝንጀሮ
gorilla

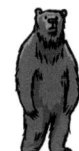

ድብ
medve

ግመል
teve

ሰጎን
strucc

አንበሳ
oroszlán

ጦጣ
majom

ቅልጥም ረዥም ወፍ
flamingó

በቀቀን
papagáj

የወዋልታ ድብ
jegesmedve

የዋታ ወፎች
pingvin

ረጅም ጥርሶች ያሉትአሳ ነባሪ
cápa

ጣዎስ
páva

እባብ
kígyó

አዞ
krokodil

የዱር አራዊት የሚጠበቁበት
ማቆያን የሚጠብቅ
állatgondozó

አሳ በሊታ የባህር እንስሳ
fóka

የዱር ድመት
jaguár

ድንክ ፈረስ

pónió

ነብር

leopárd

ጉማሬ

vízió

ቀጭኔ

zsiráf

ንስር

sas

ከርከሮ

vaddisznó

አሳ

hal

የባህር ኤሊ

teknős

የባህር አውሬ

rozmár

ቀበሮ

róka

የሜዳ ፍየል፤ ሚዳቋ

gazella

የአሜሪካ እግርኳስ
amerikai futball

የብስክሌት ስፖርት
kerékpározás

ቴኒስ
tenisz

የቅርጫት ኳስ
kosárlabda

ዋና
úszás

የበረዶ ላይ የገና ጨዋታ
jégkorong

የቡጢ ስፖርት
boksz

እግር ኳስ
....
futball

የላባ ኳስ ጨዋታ
....
tollas

አትሌቲክስ
....
atlétika

የእጅ ኳስ ስፖርት
....
kézilabda

የበረዶ መንሸራተት ስፖርት
....
síelés

ፈረስ ግልቢያ
....
lovaspóló

መሳቅ
nevetni

መዝለል
ugrani

ማቀፍ
ölelni

መራመድ
sétálni

መዝመር
énekelni

ልም ማለም
álmodni

መፀለይ
dicsérni

መሳም
csókolni

መ ፍ
írni

መሳል
rajzolni

ማሳየት
mutatni

መግፋት
tolni

መስጠት
adni

መዉሰድ
vinni

መያዝ

birtokolni

ማድረግ

csinálni

መሆን

lenni

መቆም

állni

መሮጥ

futni

መሳብ

húzni

መወርወር

hajít

መዲደቅ

esni

መዋሽት

hazudni

መጠበቅ

várni

መሸከም

vinni

መቀመጥ

ülni

መልበስ

felvenni

መተኛት

aludni

መንቃት

felébredni

መመልከት

ránézni

ማለልቀስ

sírni

መጫር

simogat

ማበጠር

fésülni

ማዉራት

beszélni

መረዳት

megérteni

ጥያቄ

kérdezni

ማዳመጥ

hallgatni

መጠጣት

inni

መብላት

enni

ማንፃት

takarítani

ማፍቀር

szeretni

ምግብ ማብሰል

főzni

መንዳት

vezetni

መብረር

szállni

መርከብ መንዳት

vitorlázni

ቁጥሮችን ማስላት

számol

ማንበብ

olvasni

መማር

tanulni

መስራት

dolgozni

ማግባት

házasodni

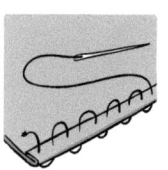

መስፋት

varrni

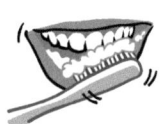

ጥርስ መቦረሽ

fogat mosni

መግደል

ölni

ማጨስ

dohányozni

መላክ

küldeni

ተሰብ
család

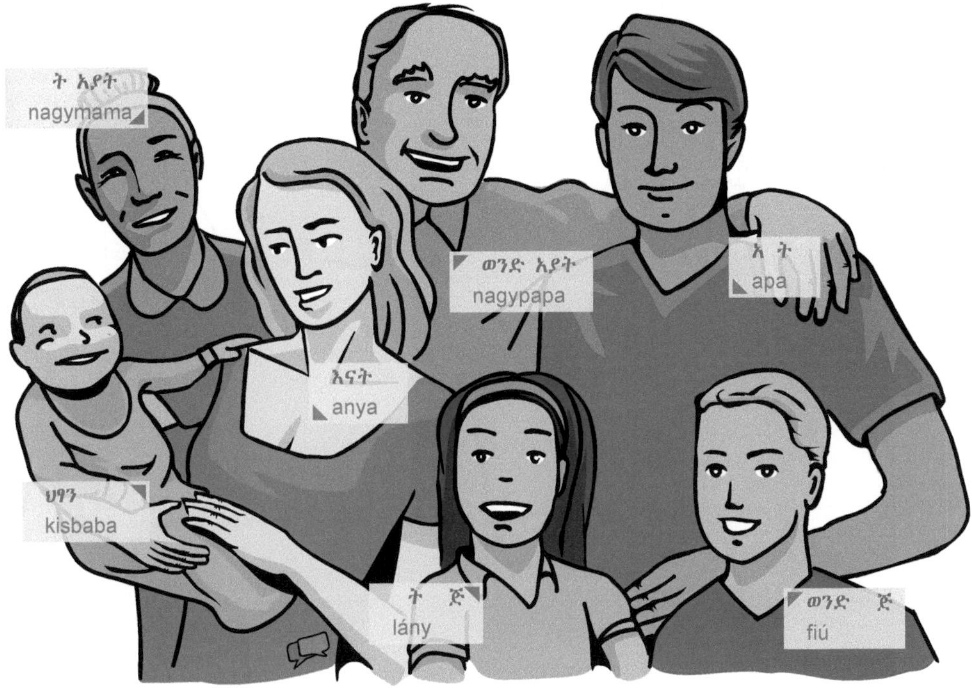

ት አያት
nagymama
ወንድ አያት
nagypapa
አ ት
apa
እናት
anya
ህፃን
kisbaba
ት ጅ
lány
ወንድ ጅ
fiú

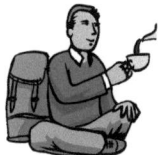

እንግዳ

vendég

አ ስት

nagynéni

አጎት

nagybácsi

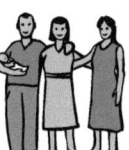

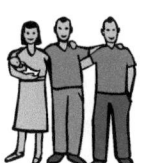

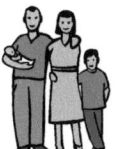

ወንድም

fiútestvér

እህት

lánytestvér

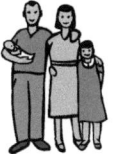

ግንባር
homlok

አይን
szem

ትከሻ
váll

ጣት
ujj

ፊት
arc

እጀ
áll

እጅ
kéz

ጡት
mell

እግር
láb

ክንድ
kar

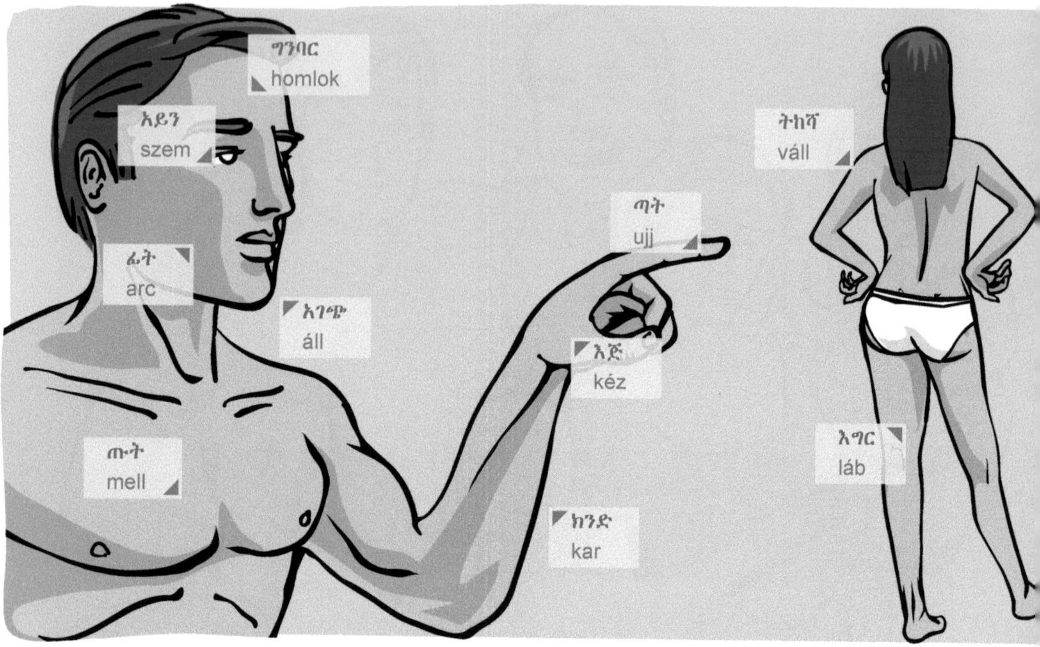

ህፃን

kisbaba

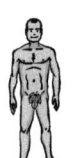

ሰዉ

ember

ሴት

nő

ልጃገረድ

lány

ወንድ ልጅ

fiú

ራስ

fej

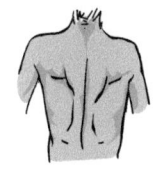

ጀርባ
hát

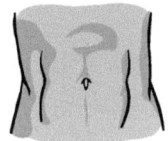

ሆድ
has

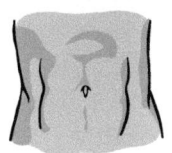

እምብርት
köldök

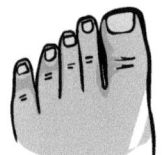

የእግር ጣት
lábujj

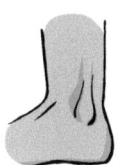

ተረከዝ
sarok

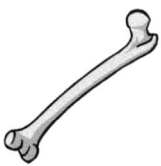

አጥንት
csont

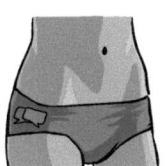

ዳሌ
csípö

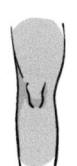

ጉልበት
térd

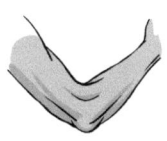

ክርን
könyök

አፍንጫ
orr

ቂጥ
fenék

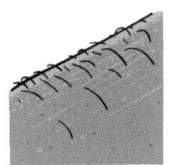

ቆዳ
bőr

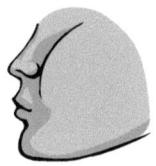

ጉንጭ
orca

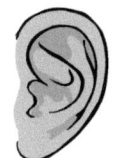

ጆሮ
fül

ከንፈር
ajak

አፍ
....
száj

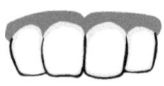

ጥርስ
....
fog

ምላስ
....
nyelv

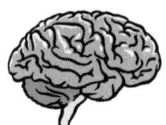

አንጎል
....
agy

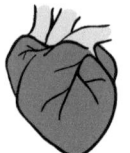

ልብ
....
szív

ጡንቻ
....
izom

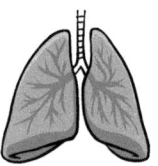

ሳምባ
....
tüdő

ጉበት
....
máj

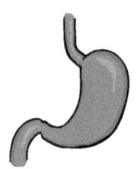

ሆድ
....
gyomor

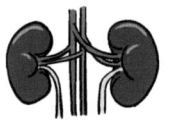

ኩላሊቶች
....
vese

የግብረስጋ ግንኙነት
....
szex

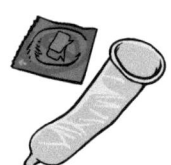

ኮንዶም
....
kondom

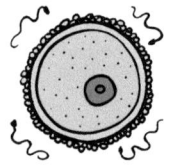

የሴት እንቁላል
....
petesejt

የዘር ፈሳሽ
....
sperma

እርግዝና
....
terhesség

አካል - test

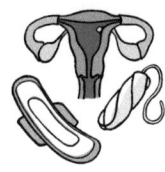

የወር አበባ
....
menstruáció

እምስ
....
vagina

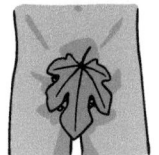

ቁላ
....
pénisz

ቅንድብ
....
szemöldök

ፀጉር
....
haj

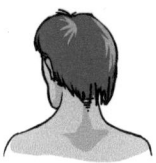

አንገት
....
nyak

ሆስፒታል
kórház

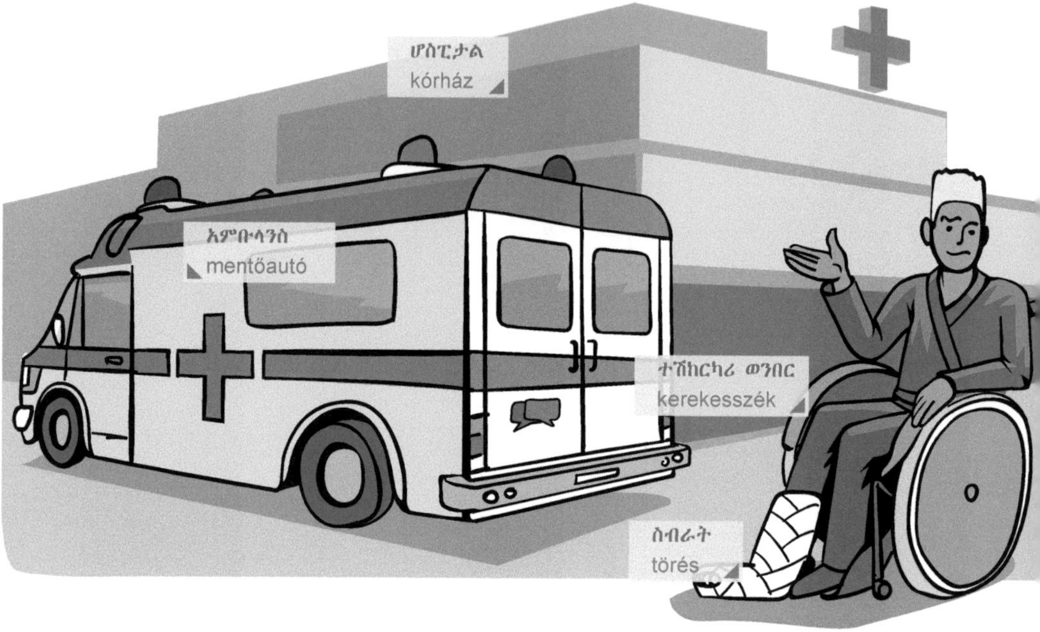

ሆስፒታል
kórház
አምቡላንስ
mentőautó
ተሽከርካሪ ወንበር
kerekesszék
ስብራት
törés

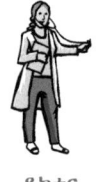

ዶክተር

orvos

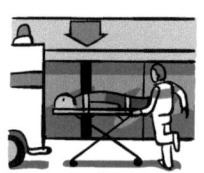

ድንገተኛ ክፍል

sürgősségi osztály

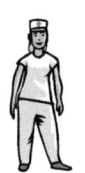

ርስ

ápoló

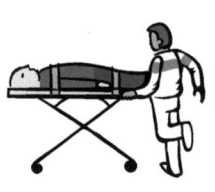

ድንገተኛ

vészhelyzet

ራስን ሳት/ አለማወቅ

eszméletlen

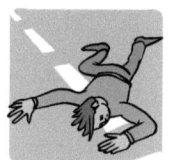

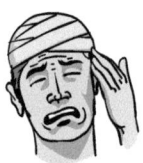

ህ ም

fájdalom

ጉዳት

sérülés

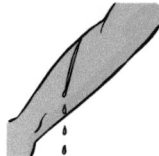

መድማት

vérzés

የልብ ድካም

szívroham

ስትሮክ

szélütés

አለርጂ

allergia

ሳል

köhögés

ትኩሳት

láz

ኢንፍሉዌንዛ

influenza

ተቅማጥ

hasmenés

የራስ ምታት

fejfájás

ካንሰር

rák

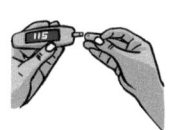

የስኳር በሽታ

cukorbetegség

ቀዶ ጠጋኝ ሐኪም

sebész

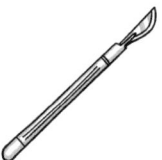

የቀዶ ጥገና ስለት

szike

ቀዶ ጥገና

műtét

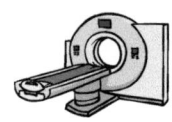

ሲ.ቲ

CT

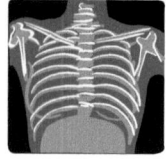

ኤክስሬዮ

röntgen

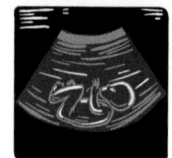

ልትራሳዉንድ

ultrahang

የፊት ጭምብል

arcmaszk

በሽታ

betegség

መጠበቂያ ክፍል

váróterem

ምርኩዝ

mankó

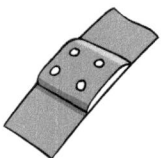

የቁስል ማሸጊያ

sebtapasz

ፋሻ

kötszer

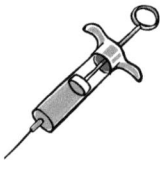

መርፌ

injekció

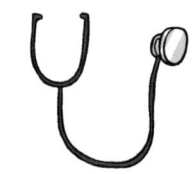

የልብ ምት ማዳመጫ መሳሪያ

sztetoszkóp

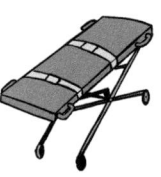

የበሽተኛ ልጋ

hordágy

የህክምና ሙቀት መለኪያ መሳሪያ

klinikai hőmérő

መውለድ

születés

ከልክ ያለፈ ክብደት

túlsúly

ለመስማት የሚረዳ መሳሪያ

hallókészülék

ፀረ ተባይ መድሀኒት

fertőtlenítőszer

ማመርቀዝ

fertőzés

ቫይረስ

vírus

ኤች አይቪ. ኤድስ

HIV/AIDS

ህክምና

orvosság

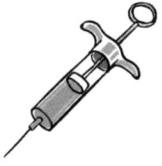

ክትባት

oltás

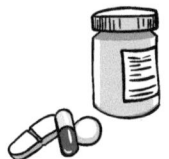

ኪኒን

tabletták

ኪኒን

tabletta

አስቸኳይ የስልክ ጥሪ

sürgősségi hívás

ደም ግፊት መቆጣጠሪያ

vérnyomásmérő

ህመም/ ጤንነት

betegség / egészség

እርዳታ!

Segítség!

ማንቂያ ደዉል

riasztás

ጥቃት

rajtaütés

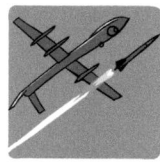

ድብደባ

támadás

አደጋ

veszély

የድንገተኛ መዉጫ

vészkijárat

እሳት!

tűz!

እሳት ማጥፊያ

tűzoltókészülék

አደጋ

baleset

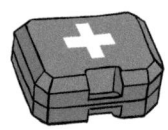

የመጀመሪያ እርዳታ መድሃኒት መያዣ

elsősegélycsomag

ነፍስ አድን

SOS

ፖሊስ

rendőrség

አዉሮፓ
....
Európa

ሰሜን አሜሪካ
....
Észak-Amerika

ደቡብ አሜሪካ
....
Dél-Amerika

አፍሪካ
....
Afrika

እስያ
....
Ázsia

አዉስትራሊያ
....
Ausztrália

አትላንቲክ
....
Atlanti-óceán

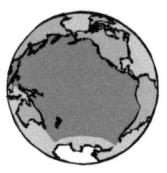

ፓስፊክ
....
Csendes-óceán

የህንድ ዉቅያኖስ
....
Indiai-óceán

አንታርክቲክ ዉቅያኖስ
....
Déli-óceán

አርክቲክ ዉቅያኖስ
....
Jeges-tenger

ሰሜን ዋልታ
....
Északi-sark

ደቡብ ዋልታ

Déli-sark

አንታርክቲካ

Antarktisz

ምድር

föld

መሬት

szárazföld

ባህር

tenger

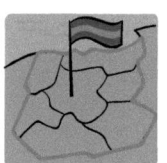

ደሴት

sziget

አገርና ህዝብ

nemzet

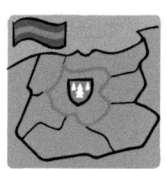

መንግስት

állam

የሰዓት ገፅታ

számlap

ሰዓት

kismutató

ደቂቃ

nagymutató

ሴኮንድ

másodpercmutató

ስንት ሰዓት ነው?

Mennyi az idő?

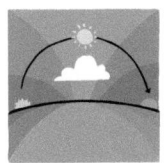

ቀን

nap

ጊዜ

idő

አሁን

most

የቁጥር ሰዓት

digitális óra

ደቂቃ

perc

ሰዓታት

óra

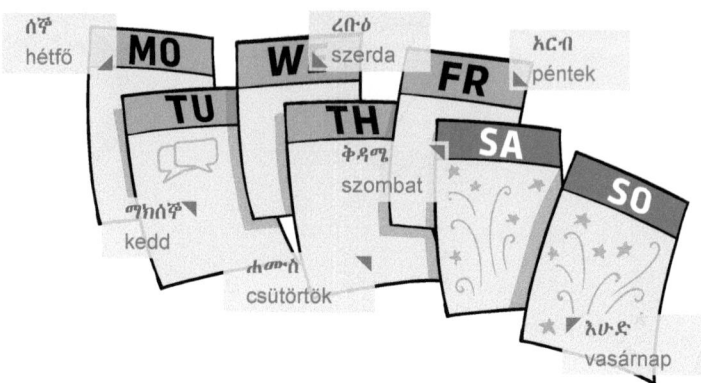

ሰኞ
hétfő

ረቡዕ
szerda

አርብ
péntek

TU

ማክሰኞ
kedd

ቅዳሜ
szombat

ሐሙስ
csütörtök

እሁድ
vasárnap

ትላንት
tegnap

ዛሬ
ma

ነገ
holnap

ማለዳ
reggel

ቀትር
dél

ምሽት
este

MO	TU	WE	TH	FR	SA	SU
1	2	3	4	5	6	7
8	9	10	11	12	13	14
15	16	17	18	19	20	21
22	23	24	25	26	27	28
29	30	31	1	2	3	4

የስራ ቀናት
hétköznap

MO	TU	WE	TH	FR	SA	SU
1	2	3	4	5	6	7
8	9	10	11	12	13	14
15	16	17	18	19	20	21
22	23	24	25	26	27	28
29	30	31	1	2	3	4

የዕረፍት ቀናት
hétvége

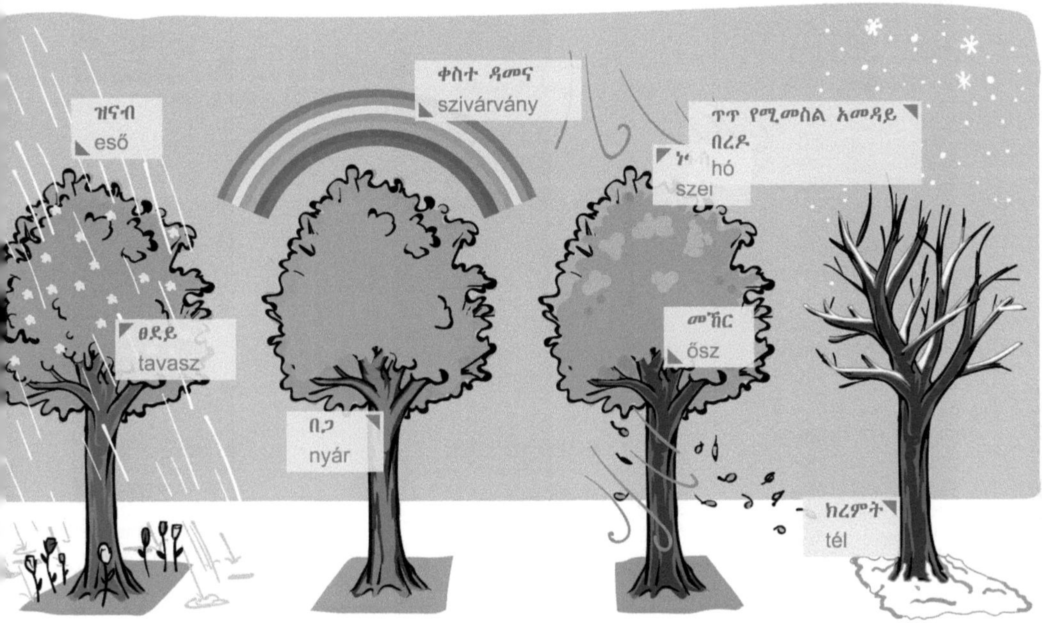

ዝናብ
eső

ቀስተ ዳመና
szivárvány

ጥጥ የሚመስል አመዳይ
በረዶ
hó
szél

ፀደይ
tavasz

በጋ
nyár

መኸር
ősz

ክረምት
tél

4.APRIL	11°	☀
5.APRIL	4°	
6.APRIL	13°	
7.APRIL	8°	☀
8.APRIL	10°	☀

የአየር ሁኔታ ትንበያ

időjárás előrejelzés

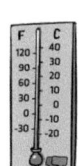

የሙቀት መለኪያ

hőmérő

የፀሀይ ሙቀት

napsütés

ደመና

felhő

ጭጋግ

köd

እርጥበታማነት

páratartalom

መብረቅ

villámlás

ነጎድጓድ

mennydörgés

አዉሎ ንፋስ

vihar

የበረዶ ዝናብ

jégeső

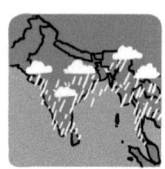

አዉሎ ንፋስ

monszun

ጎርፍ

áradás

በረዶ

jég

ጥር

január

የካቲት

február

መጋቢት

március

ሚያዚያ

április

ግንቦት

május

ሰኔ

június

ሐምሌ

július

ነሐሴ

augusztus

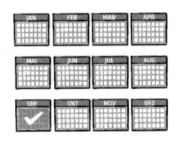

መስከረም
....
szeptember

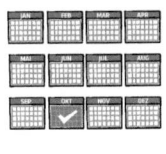

ጥቅምት
....
október

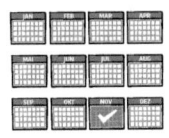

ህዳር
....
november

ታህሳስ
....
december

ክብ
....
kör

አራት ማዕዘን
....
négyzet

አራት ቀጥተኛ ማዕዘኖች ኖዮች
ያሉት ቅርፅ
....
téglalap

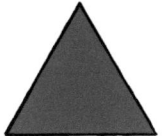

ሶስት ማዕዘን
....
háromszög

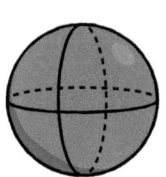

ሉል
....
gömb

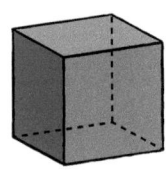

ስድስት ጎን ያለዉ ቅርፅ
....
kocka

ነጭ

fehér

ቢጫ

sárga

ብርቱካናማ

narancs

ሮዝ

rózsaszín

ቀይ

piros

ወይን ጠጅ

lila

ሰማያዊ

kék

አረንጓዴ

zöld

ቡኒ

barna

ግራጫ

szürke

ጥቁር

fekete

ብዙ/ ጥቂት

sok / kevés

ንዴት/ እርጋታ

mérges / nyugodt

ቆንጆ/ አስቀያሚ

szép / csúnya

ጅማሬ/ ፍጻሜ

kezdet / vég

ትልቅ/ ትንሽ

nagy / kicsi

ደማቅ/ ደብዛዛ

világos / sötét

ወንድም/ እህት

fivér / nővér

ንፁህ/ ቆሻሻ

tiszta / koszos

የተሟላ/ ያልተሟላ

teljes / nem teljes

ቀን/ ምሽት

nappal / éjszaka

የሞተ/ ህያዉ

halott / élő

ሰፊ/ ጠባብ

széles / keskeny

የሚበላ/ የማይበላ
....
ehető / nem ehető

ክፉ/ ደግ
....
gonosz / kedves

ደስተኛ/ ድብርተኛ
....
izgatott / unott

ወፍራም/ ቀጭን
....
kövér / vékony

መጀመርያ/ መጨረሻ
....
első / utolsó

3ደኛ/ ጠላት
....
barát / ellenség

ሙሉ/ ጎዶሎ
....
teli / üres

ጠንካራ/ ለስላሳ
....
kemény / puha

ከባድ/ ቀላል
....
nehéz / könnyű

ረሃብ/ ጥማት
....
éhség / szomjúság

ህመም/ ጤንነት
....
betegség / egészség

ህገወጥ/ ህጋዊ
....
illegális / legális

ጎበዝ/ ደደብ
....
intelligens / buta

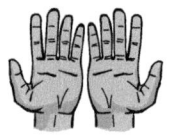

ግራ/ ቀኝ
....
bal / jobb

ቅርብ/ ሩቅ
....
közel / távol

ተቃራኒዎች - ellentétek

አዲስ/ አሮጌ

új / használt

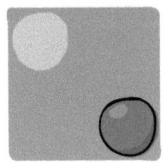

ምንም/ የሆነ ነገር

semmi / valami

ሽማግሌ/ ወጣት

idős / fiatal

የበራ/ የጠፋ

be / ki

ክፍት/ ዝግ

nyitva / zárva

ፀጥታ/ ጫጫታ

csendes / hangos

ሃብታም/ ደሃ

gazdag / szegény

ትክክለኛ/ የተሳሳተ

helyes / helytelen

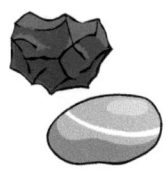

ሻካራ/ ለስላሳ

érdes / sima

ሐዘን/ ደስታ

szomorú / vidám

አጭር/ ረዥም

rövid / hosszú

ዝግተኛ/ ፈጣን

lassú / gyors

እርጥብ/ ደረቅ

nedves / száraz

ሞቃት/ ቀዝቃዛ

meleg / hideg

ጦርነት/ ሰላም

háború / béke

0

ዜሮ

nulla

1

አንድ

egy

2

ሁለት

kettő

3

ሶስት

három

4

አራት

négy

5

አምስት

öt

6

ስድስት

hat

7

ሰባት

hét

8

ስምንት

nyolc

9

ዘጠኝ

kilenc

10

አስር

tíz

11

አስራ አንድ

tizenegy

12

አስራ ሁለት

tizenkettő

13

አስራ ሶስት

tizenhárom

14

አስራ አራት

tizennégy

15

አስራ አምስት

tizenöt

16

አስራ ስድስት

tizenhat

17

አስራ ሰባት

tizenhét

18

አስራ ስስምንት

tizennyolc

19

አስራ ዘጠኝ

tizenkilenc

20

ሃያ

húsz

100

መቶ

száz

1.000

ሺህ

ezer

1.000.000

ሚሊዮን

millió

እንግሊዝኛ

angol

የአሜሪካ እንግሊዝኛ

amerikai angol

የቻይና ማንዳሪን

mandarin kínai

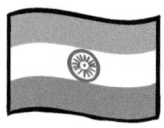

ሂንዱ

hindi

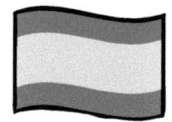

ስፓኒሽ

spanyol

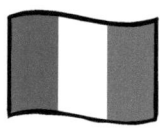

ፍሬንች

francia

አረብኛ

arab

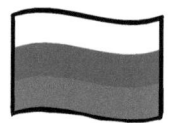

ራሺያኛ

orosz

ፖርቹጊዝ

portugál

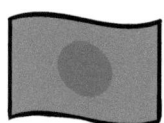

ቤንጋሊ

bengáli

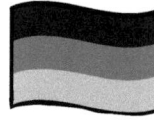

ጀርመን

német

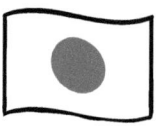

ጃፓንኛ

japán

እኔ

én

አንተ

te

እሱ/ እርሷ/ እቃዉ

ő

እኛ

mi

አንተ

ti

እነርሱ

ők

ማን?

ki?

ምን?

mi?

እንዴት?

hogyan?

የት?

hol?

መቼ?

mikor?

ስም

név

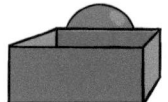

በስተጀርባ

mögött

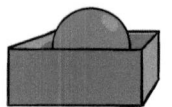

ዉስጥ

benne

ከፊት ለፊት

elötte

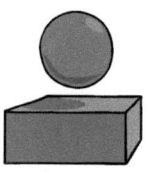

ከላይ

felette

ላይ

rajta

ከስር

alatta

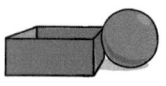

አጠገብ

mellett

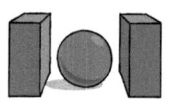

መሃከል

között

ቦታ

hely